杏壇說

昔周靈王之世魯哀公時夫子車從出國東門因覩杏壇逡巡而至歷級而上弟子侍列顧謂之曰茲魯将臧文仲誓盟之壇也覩物思人命琴而歌

歌曰

暑往寒來春復秋　夕陽西去水東流
将軍戰馬今何在　野草閑花滿地愁

杏壇說

昔周靈王之世魯定公時夫子車從出國東門因觀杏壇歷級而上弟子侍列顧謂之曰茲魯將臧文仲誓盟之壇也睹物思人命琴而歌

歌曰

暑往寒來春復秋　夕陽西下水東流
將軍戰處今何在　野草閑花滿地愁

北山移文　二十九代德璋述

鍾山之英草堂之靈馳煙驛路勒移山庭夫以耿介拔俗之標蕭灑出塵之想度白雪以方絜干青雲而直上吾方知之矣若其亭亭物表皎皎霞外芥千金而不眄屣萬乘其如脫聞鳳吹於洛浦值薪歌於延瀨固亦有焉豈有終始參差蒼黃翻覆淚翟子之悲慟朱公之哭乍迴跡以心染或先貞而後黷何其謬哉嗚呼尚生不存仲氏既往山阿寂寥千載誰賞世有周子雋俗之士既文既博亦玄亦史然而學遁東魯習隱南郭竊吹草堂濫巾北岳誘我松桂欺我雲壑雖假容於江皋乃纓情於好爵其始至也將欲排巢父拉許由傲百氏蔑王侯風情張日霜氣橫秋或歌幽人長往或怨王孫不游談空空於釋部覈玄玄於道流務光何足比涓子不能儔及其鳴騶入谷鶴書赴隴形馳魄散志變神動爾乃眉軒席次袂聳筵上焚芰製而裂荷衣抗塵容而走俗狀風雲悽其帶憤石泉咽而下愴望林巒而有失顧草木而如喪至其紐金章綰墨綬跨屬城之雄冠百里之首張英風於海甸馳妙譽於浙右道帙長殯法筵久埋敲扑諠囂

犯其處牒訴倥偬裝其懷琴歌既斷酒賦無續常綢繆於結課毎紛綸於折獄籠張趙於往圖架卓魯於前籙希蹤三輔豪馳聲九州牧使我高霞孤映明月獨舉青松落蔭白雲誰侶澗戶摧絶無與歸石逕荒涼徒延佇至於還飈入幕寫霧出楹蕙帳空兮夜鶴怨山人去兮曉猿驚昔聞投簪逸海岸今見解蘭縛塵纓於是南嶽獻嘲北隴騰笑列壑爭譏攢峯竦誚慨游子之我欺悲無人以赴弔故其林慙無盡澗愧不歇秋桂遺風春蘿罷月騁西山之逸議馳東皋之素謁今又促裝下邑浪拽上京雖情投於魏闕或假步於山扃豈可使芳杜厚顏薜荔無恥碧嶺再辱丹崖重滓塵游躅於蕙路汙淥池以洗耳宜扃岫幌掩雲關斂輕霧藏鳴湍截來猿於谷口杜妄轡於郊端於是叢條瞋膽疊穎怒魄或飛柯以折輪乍低枝而掃跡請迴俗士駕爲君謝逋客

擊蛇笏銘

祖徠先生守道述

天地至大有邪氣干於其間爲凶暴爲殘賊聽其肆行如天地夘育之而莫禦也人生最靈或異類出於其表爲妖怪信其異端如人蔽覆之而莫露

也祥符年宣州天慶觀有蛇妖極怪異郡刺史曰兩至於其庭朝焉人以爲龍舉州人内外遠近罔不駿奔於門以覲恭莊肅祇無敢怠者今龍圖侍御孔公時佐幕在是邦亦隨郡刺史於其庭公曰明則有禮樂幽則有鬼神是蛇不以誣乎惑吾民亂吾俗殺無赦以手板擊其首遂斃於前則蛇無異焉郡刺史曁州内外遠近庶民昭然若發蒙見青天覩白日故不能肆其凶殘而成其妖惑易曰是故知鬼神之情狀公之謂乎夫天地閒有純剛至正之氣或鍾於物或鍾於人人有死物有盡此氣不滅烈烈然彌亘億萬世而長在在堯時爲指佞草在魯爲孔子誅少正卯刃在齊在晉爲董史筆在漢武帝爲東方朔戟在成帝朝爲朱雲劍在東漢爲張綱輪在唐爲韓愈論佛骨表逐鱷魚文爲段太尉擊朱泚笏今爲擊蛇笏故佞人去堯德聰少正卯戮孔法舉罪趙盾晉人懼辟崔子齊刑明距董偃折張禹劾梁冀漢室乂佛老微聖德行鱷魚徙潮風振怪蛇死妖氣散噫天地鍾純剛至正之氣在公之笏豈徒斃一蛇而已軒陛之下有罔上欺君先意順旨者公以此笏指之廟堂之上有

蔽賢蒙惡違法亂紀者公以此笏麾之朝廷之內有訣容佞色附邪背正者公以此笏擊之夫如是則軒陛之下不仁者去廟堂之上無姦臣朝廷之內無佞人則笏之功也豈止在一蛇公以笏爲任笏得公而用公方爲朝廷正人笏方爲公之良器敢稱德于公作笏銘曰

至正之氣　天地則有　笏惟靈物
笏能乃受　笏之爲物　純剛正直
公惟正人　公乃能得　笏之在公
能破淫妖　公之在朝　讒人乃消
靈氣未竭　斯笏不折　正道未亡
斯笏不藏　惟公寶之　烈烈其光

元祐黨籍　四十七代三孔氏

司馬光呂公著呂大防劉摯蘇子由范純仁韓忠彥曾布梁燾王存文彥博王嵒叟鄭雍傅堯俞趙瞻韓持國孫固孫伯甫范伯祿胡宗愈李清臣劉奉世范純禮安燾陸佃黃履張商英蔣之奇（以上係曾任宰相執政官）蘇軾劉安世范祖禹朱光庭趙君錫馬默孔武仲孔文仲吳安持錢勰李之純孫覺鮮于侁趙彥若趙禼王欽臣孫升李周王汾韓川顧臨賈

易呂希純曾肇王覿范純粹呂陶王古豐稷張舜民張問楊畏鄒浩陳次升謝文瓘岑象求周鼎徐勣路昌衡董敦逸上官均葉濤郭知章楊康國龔原朱紱葉祖洽朱師服以上曾任待制已上官秦觀黃庭堅晁補之張耒吳安詩歐陽棐劉唐老王鞏呂希哲杜純張保源孔平仲楊畏司馬康宋保國黃隱畢仲游常安民汪衍余爽鄭俠常立程頤唐義問余卞李格非陳瓘任伯雨張庭堅馬涓孫諤陳郛朱光裔蘇嘉龔夬王回呂希績吳儔歐陽中立尹材葉伸李茂直吳處厚李積中商倚陳祐虞防李祉李深李之儀范正平曹蓋楊琳蘇丙日葛茂宗劉清柴袞洪羽趙天佐李新衡鈞袞公適馮百藥周誼孫琮范柔中鄧考甫王察趙峋封覺民胡端修李賁李灤趙令時郭執中石芳余極高公應安信之張集黃策吳多遜周永徽高漸張夙鮮于綽呂諒卿王貫朱紱吳朋梁安國王古蘇迥檀固何大受王革張諟傅者董丕竹璟蘇堯臣趙齊賢高復陳琳何宗韓李援徐瑛張譽倪直孺王箴吳光美李公寅周邠李志忞蕭景修徐俯李孝常范百億何權宇文煇俞次契章諷陸漢張保滈程之才余

卞呂賁劉勃陳京費勉中董乂辛春卿舒外之閻
建張及劉跋龔俊明黃應求劉仲玠司馬宏唐嘉
問馮正卿吴元中吴文規杜潁卞議尹翊葛敏修
陳并趙晞文嘉謀鄭少微王知常郝宗臣鄭語施
邁陳師錫何景甫趙衡毛求張直楊懷寶楊木梁
鼎高公傑趙子煥王箴白鎮蘇象先趙伾朱行中
王注滕友侯晉卿周諤毛直友范世文李世基苗
蓁趙渥上官均張沔王公彦賈休復宋直方喬甫
江偉何奭俞唐張彦逸馮希道蔣琳胡修馮正雅
張元林定勹居體張朴以上並係餘官

東家雜記

先聖没逮今一千五百餘年傳世五十或問其姓則内求而不得或審其家則舌舉而不下爲之後者得無愧乎傳竊甞推原譜牒叅考載籍則知鄭有孔張出於子孔衞有孔達出於姬姓蓋本非子氏之後而徙居於魯者皆非吾族若乃歷代褒崇之典累朝班賚之恩寵數便蕃固可以枚陳而列數以至驗祖壁之遺書訪闕里之陳跡荒墟廢址淪没於春蕪秋草之中者魯尚多有之故老世傳之將使聞見之所未甞者

如接於耳目之近於是纂其軼事綴所舊聞題曰東家雜記好古君子得以覽觀焉時巨宋紹興甲寅三月辛亥四十七代孫右朝議大夫知撫州軍州事兼管内勸農使仙源縣開國男食邑三伯戶借紫金魚袋孔 傳 謹序

東家雜記上

右朝議大夫知撫州軍州事兼管内勸農使仙源縣開國男食邑三伯戸借紫金魚袋孔傳編

姓譜　先聖誕辰諱日

母顔氏　娶并官氏

追封謚号　歷代崇奉

嗣襲封爵沿改　改衍聖公告

鄉官

姓譜

昔契以佐禹治水有功封於商而賜姓子氏至

周成王時以商之帝乙長子微子啓國於宋啓卒立其弟微仲衍微仲衍生宋公稽宋公稽生丁公申丁公申生湣公共及襄公熙熙生弗父何弗父何生宋父周宋父周生世子勝世子勝生正考父正考父生孔嘉父孔嘉父者其字也而先儒以謂當時所賜號者誤矣孔嘉父生木金父木金父生祁父五世親盡别爲公族祁父因以王父字爲孔氏而其子孔防叔避宋華督之難奔魯爲大夫因家於魯孔防叔生伯夏伯夏生叔梁紇長子曰孟皮有疾不任繼嗣次子則

先聖是也自　孔子没子孫世爲魯人同居祖廟
先公文清先生昔嘗推原世譜以謂本姓出於
子姓者是姬姓者非如鄭有孔張出於子孔姬
姓衛有孔悝出於孔達姞姓實在子姓之先皆
非孔子之後

先聖誕辰諱日

周靈王二十一年己酉歲即魯襄公二十二年
也當襄公二十二年冬十月庚子日先聖生
是夕有二龍繞室五老降庭五老者五星
之精也又顏氏之房聞奏鈞天之樂空中

有聲云天感生聖子故降以和樂笙鏞之音
周敬王四十一年辛酉歲即魯哀公十六年也
當哀公十六年夏四月乙丑日　先聖薨
先儒以謂己丑者誤矣方　先聖未生時
有麟吐玉書於闕里其文曰水精之子係
衰周而素王顏氏異之以繡紱繫麟角信
宿而麟去至哀公十四年西狩大野叔孫
氏車子鉏商獲獸以爲不祥　先聖視之
曰麟也胡爲來哉胡爲來哉反袂拭面泣
涕沾衿叔孫聞之然後取之而繫角之紱

尚存麟見而天告夫子將亡之證也夫子晨蚤作負手曳杖逍遥于門而歌曰泰山頽乎梁木壞乎哲人萎乎因以涕下既歌而入當戶而坐子貢聞之曰泰山其頽則吾將安仰梁木其壞則吾將安放夫子殆將病也遂趨而入夫子嘆曰賜汝何來遲夫明王之不興則天下其孰能宗予夏人殯于東階周人於西階商人於兩楹閒昨暮予夢坐奠於兩楹之閒予殆商人也後七日而終時年七十三

母顔氏

叔梁紇雖有九女而無子娶妾生孟皮一字伯尼有足疾於是乃求於顔氏顔氏有三女其小曰徵在顔父問三女曰陬大夫雖父祖爲士然其先聖王之裔今其人身長十尺武力絶倫吾甚貪之雖年高性嚴不足爲疑三子孰能爲之妻二子莫對徵在進曰從父所制將何問焉父曰即爾能矣遂以妻之

娶幷官氏

孔子十九娶于宋之幷官氏

孔子追封謚号

漢平帝元始元年追謚　夫子爲褒成宣尼公

魏文帝太和十六年改謚　文宣尼父

後周宣帝大象二年追封鄒國公詔曰盛德之後是稱不絕功施於民義昭祀典孔子德惟藏往道實生知以大聖之才屬千古之運載弘儒業式敘彝倫至如幽賛天人之理裁成禮樂之務故以作範百王垂風萬葉朕欽承寶曆服膺教義眷言洙泗懷道滋深而褒成啓號雖彰故實旌崇聖績

猶有闕如可追封爲鄒國公

唐太宗正觀十一年詔尊孔子爲宣父

唐高宗乾封元年封禪還塗經曲阜親幸祠廟追贈　先聖爲太師制曰　魯大司寇資大聖之才屬衰周之末想乘桴而永嘆因獲麟而興感垂素王之雅則正史筞之繁文播洪業於當時昭景化於千祀朕嗣膺寶歷祇奉睿圖憲章前王規矩　先聖功成化洽禮盛樂和展采東巡迴輿西上途經此境撫事興懷駐此荒墟願爲師友瞻

孔子追封諡號
漢平帝元始元年追諡 夫子褒成宣尼公
後魏孝文帝太和十六年改諡 文聖尼父
後周宣帝大象二年追封鄒國公[illegible]
後足稱不絕以為今尼褒[illegible]孔子之德
惟藏往追實生知以大聖之姿屬千古之
述啟[illegible]儒宗[illegible]論[illegible]贊天人
理裁成禮樂之[illegible]作[illegible]白王[illegible]國[illegible]
集成[illegible]賢[illegible]教[illegible]著言來四[illegible]
道涉來而褒以啟號[illegible]聖[illegible]
東家 丘
稱有關如可追封為鄒國公
唐太宗貞觀十一年詔尊孔子為宣父
唐高宗乾封元年封禪還[illegible]經曲阜[illegible]幸[illegible]祠廟
追贈 先聖為太師 同日 [illegible]
大聖之[illegible]周之[illegible]相[illegible]命[illegible]
儀辭而興[illegible]
文播洪業於當時[illegible]
實[illegible]圖[illegible]章[illegible]王[illegible] 有聖功
成化洽禮樂和[illegible]上達
經此境[illegible]

望幽墓思承格言雖燕寢荒蕪餘址近在靈廟虛寂徽烈猶存孟軻曰自生民以來未有如孔子者也微禹之嘆既深褒成之禮宜峻可贈太師庶年代雖遠式範令圖景命惟新儀形茂實

唐則天天授元年十月封隆道公

唐明皇開元二十七年八月二十三日封文宣王

制曰弘我王化在乎儒術能發揮此道啓迪含靈則生民以來未有若孔子者也故能立天地之大本成天地之大經美政化

移風俗君君臣臣父父子子民到于今受其賜不其偉歟於戲楚王莫封魯公不用俾夫大聖才列陪臣棲遲旅人固可知矣年祀寖遠光靈益彰雖代有褒稱未爲崇峻不副於實人其謂何夫子既稱先聖可追謚爲文宣王

本朝

真宗皇帝大中祥符元年加夫子號爲玄聖文宣王（春秋孔演圖曰孔子母感黑帝而生莊子亦云元聖素王故有是號）

勑中書門下王者順考古道懋建

大猷崇四術以化民昭宣敎本揔百王而致治丕變人文方啓迪於素風思丕揚於
鴻烈
先聖文宣王道膺上聖體自生知以天縱之多能實人倫之先覺玄功侔乎簡易景鑠配乎貞明惟列辟以尊崇爲億載之師表肆朕寡昧欽承命歷曷嘗不遵守彛訓保乂中區屬以祇若元符告成喬嶽觀風廣魯之地飭駕數仞之牆躬謁遺祠緬懷遐躅仰明靈之如在肅奠獻以惟寅是用證

簡冊之文昭聰叡之德聿舉追榮之禮庶申嚴奉之心備物典章垂之不朽誕告多士昭示朕意宜追謚曰元聖文宣王先是
詔有司檢討漢武帝唐高宗明皇褒宣聖故事且命輔臣議定初欲追謚爲帝或言宣父周之陪臣周止稱王不當加以帝號故第增美名續奉
勑改謚至聖文宣王

歷代崇奉

魯哀公十七年立廟於舊宅守陵廟百戶

漢高祖滅項羽平天下十二年十二月行自淮
南還過魯以太牢祀
先聖封九代孫騰爲奉嗣君
前漢元帝初元中下詔太師褒成君霸以所食
邑八伯戶祀孔子
後漢光武建武五年破董憲車駕還幸魯使大
司空祀孔子
後漢明帝永平十五年東巡狩還過魯幸闕里
以太牢祀　先聖及七十二弟子作六代
樂親御講堂命皇太子諸王説經　帝時

升廟立羣臣中庭北面皆再拜　帝進爵
而後坐大會孔氏男子二十以上者六十
有三人命儒臣講書十九代孫蘭臺令僖
因自陳謝帝曰今日之會寵於卿宗有光
乎僖對曰臣聞明王聖主莫不尊師貴道
今陛下親屈萬乘辱臨弊里此乃崇禮先
師增輝聖德至於光榮非所敢承帝大悅
曰非聖者子孫焉有斯言遂拜僖郎中賜
褒成侯并賜孔氏男女錢帛詔僖從還京
師令校讎東觀

後漢章帝元和二年東巡狩還幸魯祀孔子於
闕里及七十二弟子賜褒成侯及諸孔男女帛
後漢孝安延光五年幸泰山祀孔子及七十二弟
子於闕里孔氏親屬及婦女悉會賜褒成
侯帛各有差
後漢靈帝建寧中給守廟百戶
晉武帝泰始三年詔魯國四時備三牲以祀孔
子太寧三年詔給奉聖亭侯孔亭四時祀
孔子祭宜如泰始故事
魏文帝黃初二年詔曰昔仲尼資大聖之才懷

帝王之器當衰世之末無受命之運乃退
考五代之禮修素王之事因魯史而制春
秋就太師而正雅頌俾千載之後莫不宗
其文以述作仰其聖以成謀兹可謂命世
之大聖億載之師表者也今舊居之廟毀
而不修褒成之後絕而莫繼闕里不聞講
頌之聲四時不覩蒸嘗之位豈所謂崇禮
報功盛德百世必祀者哉乃以二十一代議
郎羨爲崇聖侯邑伯戶奉　先聖祀令魯
郡修起舊廟置吏卒百戶以守衞之

後魏顯祖皇興二年以青徐既平遣中書令兼太常高允以太牢祀孔子太和十九年四月行幸魯城辛酉詔拜孔氏四人顏氏二人爲官又詔選諸孔宗子一人封崇聖侯邑一百戶以奉孔子之祀又詔兖州爲孔子起園　修飾墳壠更建碑銘褒揚聖德

後魏高祖延興二年詔曰尼父稟達性之姿體生知之量窮理盡性道光四海頃者淮徐未賓廟隔非所致令祀典寢廢禮章殄亡遂使女巫妖覡淫進非禮殺生鼓舞倡優

媟狎豈所以尊明神欽聖道者自今已後有祭孔子廟制用酒脯而已不聽婦女合雜以祈非望之福犯者以違制論其公家有事如常禮犧牲粢盛務盡豐潔臨事致敬令肅如也

宋文帝義熙十九年詔曰胄子始集學業交興自微言泯絶逝將千祀感事思人意有慨然奉聖之後可速議繼襲於先廟地仍速爲營造依舊給祠宜令四時饗祀闕里往經寇亂黌校殘毀幷下魯郡修復學舍採

召生徒昔之聖哲及一介之善猶或衞其墳壠禁其芻牧況尼父德表生民功被百代而墳塋荒蕪荊棘弗剪可蠲墓側數戶以掌洒掃魯郡上民孔景等五戶居近孔子墓側蠲其課役供給洒掃并種松栢六百株

南齊世祖永明七年詔曰宣尼誕敷文德峻極自天發揮七代陶鈞萬品英風獨舉素王誰匹功隱於當年道深於日月感麟厭世緬邈千祀川竭谷虛阜夷淵塞非但洙泗

湮淪至乃饗嘗乏主前王欽仰崇修寢廟歲月亟流鞫爲茂草今學斅興立實稟洪規撫事懷人彌增欽屬可改築宗祊務在爽塏量給祭秩禮同諸侯奉聖之爵以時紹繼

北齊顯祖武定八年下魯郡以時修治廟宇務盡襃崇洪厥雅道大訓生民師範百王軌儀千載世人斯仰忠孝攸出玄功潛被至德彌闡雖反袂遐曠而祧薦靡闕時祭舊品秩比諸侯頃歲以來祀典零替俎豆寂

寥牲奠莫舉豈所以克昭盛烈永隆風教
者哉可式循舊典詳復祭秩使牢餼備禮
欽饗兼申

梁敬帝太平二年詔曰夫子降靈體哲經仁緯
義允光素王載闡玄功仰之者彌高誨之
者不倦立忠立孝德被蒸民制禮作樂道
冠羣后雖泰山頹峻一簣不遺而泗水餘
瀾千載猶在自國圖屯阻祧薦不修奉聖
門胤嗣殲滅敬神之寢簾篋寂寥永言
聲烈寔兼欽愴外可搜舉魯國之族以爲

奉聖後并繕廟堂修祀典四時薦秩皆
遵舊

後周宣帝大象二年立後承襲

隋煬帝大業四年詔曰先師尼父聖德在躬誕
發天縱之姿憲章文武之道命世膺期蘊
茲素王而頹山之歎忽踰於千祀盛德之
美不存於百代永惟懿範宜有優崇可立
孔子後爲紹聖侯有司求其苗裔録以申上

唐神堯高祖武德二年立孔子廟于國子監

唐太宗正觀十一年給先聖廟戶二十以奉饗

唐高宗乾封元年封禪還京途經曲阜親幸祠廟追贈先師爲太師其廟宇制度卑陋宜加修造仍令三品一人以太牢致祭其子孫並免賦稅其年十二月　上遣司稼正卿扶餘隆以太牢之奠致祭于　先聖其祭文曰惟神玉鈎陳貺靈開四時之源金鼎流禎慶傳三命之範神資越誕授山岳以騰文天縱攸高蘊河海而標狀折中六藝宣創九流睿乃生知殊非外奬於是考三古襃一言刊典謨定風什莊敬之容卑

備鐘鼓之音載和父子爰親君臣以睦蕩乎煥乎樂正雅頌各得其所可不謂至聖矣朕以寡德嗣膺神器式崇祇配展義云亭感周禮之尚存悲素王之獨往杼軸洙泗如挹清瀾留　舞雩似聞金奏昌門曳練徒有生芻之儀漢曲移舟非復祥萍之實慨然不已爰贈太師堂宇卑陋仍令修造襃聖子孫闔門勿事庶能不遺百世助損益之可知永鑒千年同比肩而爲友聿陳菲奠用旌不朽

唐則天神龍元年以鄒魯百戶爲隆道公采邑
以奉歲祀子孫世襲褒聖侯
唐中宗神龍元年以三十四世孫崇基取鄒魯
之邑百戶收其租稅用爲享薦
唐睿宗太極元年以兖州隆道公近祠戶三十
供洒掃
唐明皇開元十三年封禪迴幸孔子宅遣使以
太牢祭其墓給復近墓五戶令天下州縣
立廟賜百戶洒掃充春秋饗奠因廣大本
廟仍每代長子一人承襲兼賜一子官

開元二十七年封文宣王遣三公持節冊
命令譔儀注昔緣周公而南夫子西坐今位
既有殊坐豈仍舊補其墜典永作常式自
今以後夫子面南而坐内出王者衮冕以
衣之
唐憲宗元和十三年復置洒掃五十戶十五年文
宣王家予一子官
唐武宗會昌五年有事于南郊文宣王後予一
子出身
唐宣宗大中元年有事于南郊文宣王後予一

子官復封百戶充春秋享奠

唐懿宗咸通四年以四十代振實封百戶洒掃

陵廟五十戶

唐僖宗乾符二年有事于南郊文宣王後予一

子官

唐禮樂志三日陳設注其褒聖侯若在朝朝於

文官三品下

後周高祖廣順二年親征慕容彥超至兖州城

將破夜半夢一人狀甚魁異被王者服謂

高祖曰陛下明日當得城及覺天猶未旦

高祖私自喜曰夢兆如此可不務乎因躬

督將士戮力攻城至午而城果陷車駕既

入有司請從王方鳴鞘而進因取別巷轉

數曲偶過夫子廟帝意豁然謂近侍曰寡

人所夢殆夫子乎不然何取路於此因駐

蹕升堂瞻禮聖像一如夢中所見者高祖

大喜因叩頭再拜近臣或謂天子不當拜

異世陪臣高祖曰夫子聖人也百王取則

而又以夢告寡人得非夫子幽賛所及邪

安得不拜因幸闕里復再拜乃留所奠酒

器銀爐等於廟及幸孔林又拜之墓前石壇乃唐封禪之壇也二百年間絕東封之禮洙泗之上無鑾和之音高祖以武功之餘特枉駕焉顧謂近臣訪孔子之後或對以四十三世孫前曲阜令襲封文宣公仁玉者乃召見奏對數刻面賜章服及白金雜綵等仍以廟側數十家爲洒掃戶及勑兖州修葺祠廟林禁樵採

本朝

太祖皇帝建隆間賜　御製賛曰

王澤下衰　文武將墜　尼父挺生
河海標異　祖述堯舜　有德無位
哲人其萎　鳳鳥不至

建隆三年詔　文宣王廟定準儀制令立戟十六枚

太宗皇帝因四十四代孫宜入覲顧問孔氏歷世之數具以實對上謂左右家世有如此者特遷賛善大夫襲封文宣公略其誥云朕以夫子之聖其道猶天睠彼裔孫宜其嗣襲況聞爾殷勤素業砥礪官常乃諭善於東宮俾增榮於闕里勉遵家法以荷國恩

興國三年詔免本家稅租先是歷代以聖人之
後不預庸調顯德中遣使均田遂抑編戶
至是特免
眞宗皇帝至道三年九月詔四十五代孫許州
長葛縣令延世上殿詢以家門故事授曲
阜令襲封文宣公許於廳上見長吏以公
爵也面賜束帛中金器物及賜 太宗御
書并九經書等先是殿中丞方演言兗州
西曲阜縣文宣王廟有書樓而無典籍請
賜九經及 先帝御書重給祭器並從之

景德四年賜文宣王四十六世孫 聖祐同學究
出身又詔兗州舊以七戶守 孔子墳宜增
至二十戶
大中祥符元年五月敕每日破乳香一分焚燒
八月准 敕令年十一月有事于泰山其
文宣王四十六代孫聖祐許於京官後陪
位十月准 敕告報
皇帝封禪畢駕至兗州曲阜縣謁
先聖廟其文宣公伯叔兄弟子姪並許陪位
敕朕以紀號岱宗觀風廣魯載懷先聖實

主斯文矧尼丘毓粹之區光靈可揖而曲阜奉嗣之地廟貌猶存將伸款謁之儀用表欽崇之禮取十月一日幸曲阜縣備禮躬謁祥符元年十月二十七日下

十一月一日　幸曲阜縣謁先聖廟廟内外設黄麾仗上服靴袍行酌獻之禮宰臣親王而下文武百官各立班於殿庭孔氏宗屬並陪位初有司定儀當肅揖上特再拜以伸崇奉之意百官皆拜帝斂衽北面式瞻睟容乃顧廟宇制度嘉歎久之立殿之西事召孔氏子孫撫諭周繳又幸叔梁大夫堂賜四十四代孫延祐延渥延魯延　並同學究出身四十六代孫聖祐授太常寺奉禮郎以別居四十四代孫謂賜同三傳出身面奉　聖旨許造酒以供祭祀詔加謚至聖文宣王祝文特進名并修飾祠廟其廟内制度未宁典禮因茲改正更給近便十戶以奉塋廟仍差官以太牢致祭宣賜孔氏銀二百兩帛三百疋錢三十萬俵賜諸房又　賜田

百頃又 詔廟内常用祭器或壞可盡易之
十一月三日 勅至聖文宣王父叔梁紇更追
封齊國公母顏氏追 封魯國太夫人 又
勅伯魚母追封鄆國夫人 又勅賜
御製賛
御書并篆額若夫檢玉令丘迴輿闕里緬
懷于 先聖躬謁于嚴祠易俗化民旣仰師
於彝訓宗儒重道宜益峻于徽章增薦崇
名聿陳明祀思形容於盛德爰刻鏤於斯
文讃曰

立言不朽 垂教無疆 昭然令德
偉哉素王 人倫之表 帝道之綱
厥功茂實 其用允臧 升中既畢
盛典載揚 洪名有赫 懿範彌彰
大中祥符元年十一月一日奉
勅御書院模勒刻石
加謚玄聖文宣王祭文
維大宋大中祥符元年歲次戊申十一月戊午朔
四日辛酉崇文廣武聖明仁孝皇帝御名謹
遣推誠保德功臣光祿大夫行吏部尚書

上柱國清河郡開國公食邑一千戶食實封八百戶張齊賢致祭于　玄聖文宣王朕以有事岱宗畢告成之盛禮緬懷闕里欽設教之素風躬謁奠于嚴祠特褒崇于懿號仍令舊相載達精誠昭薦吉蠲用遵典禮以兖國公顏子等配尚饗

追封齊國公勑

勑朕祇陟岱宗親巡魯甸永懷　先聖之德躬造闕里之庭奠獻周旋欽崇備至惟降靈之所自亦錫羨之有初像設具存名

東家　廿　陳圭

稱斯闕宜加追命以煥典章叔梁紇可追封齊國公顏氏可追封魯國太夫人大中祥符元年十一月三日下

追封鄆國夫人勑

勑朕因巡魯甸躬謁孔堂顧風教之所宗舉典章而就渥眷惟令淑作合聖靈載稽策簡之文尚闕宗崇之數屬茲咸秩特示追榮垂厥方來式昭遺懿并官氏可追封鄆國夫人仍令兖州差官往本廟祭告大中祥符元年十一月十一日下

大中祥符二年遣入内内侍省殿頭張文質賫
勑賜　太宗皇帝　御製書一百五十七卷軸并内降金渡器物等并九經三史及䟽釋文及昨赴　文宣王廟供養器物金渡銀香合并香案緋羅銷金帕　複等其所賜書仍令本州選儒生講説

賜書并賜塗金器用等勑

勑國家尊崇師道啓迪　德眷惟鄒魯之邦是曰詩書之國尼山在望靈宇增嚴朕以登岱告成迴鑾款謁期清風之益振舉縟禮以有加式咨誨誘之方更盡闡揚之旨宜以所賜　太宗皇帝　御製御書與九經書義正義釋文及器用等並置於廟中書樓上收掌委本州長吏職官與本縣令佐等同共檢校在廟如有講説釋奠並須以時出納勿令損污此

勑文仍仰刊之于石昭示無窮

大中祥符二年春賜　先聖冕服等易以玉珪

先是以木爲之故也

祥符二年二月四十五代孫殿中丞知曲阜縣

名犯廟諱請先聖廟創立學舍從之仍許就齋
廳講說

大中祥符二年五月追封　孔子并弟子兗國
公顏子等下詔曰朕乃者封巒禪社昭列
聖之鴻勲崇德報功廣百王之彝制洎言
旋於闕里遂躬謁於魯堂瞻河海之姿睟
容穆若出洙泗之上高風凜然舉茂典之
有加期斯文之益振由是推恩世冑併錫
其寵章祗事祠庭廣增其奉邑念性與天
道德冠生民議兹玄聖之名冀廣嚴師之

禮兼朕親製以表崇儒至于四科鉅賢並
超五等七十達者俱增列侯仍命宗寮分
紀遺烈式盡褒揚之旨庶資善誘之方宜
令中書樞密院三司兩制丞郎待制館閣
直館校理分撰贊以聞又詔曲阜縣謁
文宣王廟日從官並於廟內立石刻名

天禧二年五月
勑委本州於本城內選差兵士四十人員
寮一名於本廟巡宿守把防護官物一年
一替并委轉運司於轄下州軍有衣甲器

械匭約度合銷分數支與本廟

天禧五年奉

聖旨下轉運司支破官錢差撥兵士工匠修葺本廟及於夫子之後選差朝官一人是時傳大父中憲方任太常博士被選監修因乞封禪行闕餘材皆豫樟楩梓之屬自是

殿宇益加宏壯

仁宗皇帝慶曆四年三月

勑於本縣中等人戶内差廟戶五十人充

本廟洒掃諸般祗應

嘉祐六年

御飛白書殿榜幷金字篆牌差入内内侍省西頭供奉官劉温良高品楊安道押賜

盛以綵樓差輦官三十人幷親事官工匠等共五十一人置於本廟逐州令官吏以

鼓吹僧道奉引

上初寫牌巾櫛而書其尊師重道如此是時傳先公文清先生宰鄉邑因進詩百韻稱謝轉運使祕閣校理張師中亦進寶奎

燿文歌

御祭文

維嘉祐六年歲次辛丑三月甲申朔十九日壬寅　皇帝御名謹遣通判兗州田洵敢昭薦于

至聖文宣王惟王淵聖難名誠明易稟敷厥雅道大闡斯文生民以來至德莫二敎行萬世儀比一王闕里之居祠宇惟煥遐瞻牆仞逖仰門扉奮干飛淶之蹤新玆標榜之制命工庀事推策涓辰敢議形容蓋伸崇奉仰惟降格遥冀鑒觀尚饗

東家　茁　陳

神宗皇帝元豐元年十月詔兗州常以省錢修葺宣聖祠廟先是州縣憚于申請廟久不修且壞榱棟傾落人不堪憂至是始獲宁葺祠廟一新以省錢修遂爲定制

五年十一月賜度牒三十本給兗州修　孔子廟及於本路差雜役兵士工匠等運司奏委四十七代孫沂州新太縣令若升監修

七年五月詔自今春秋釋奠以鄒國公孟子配食文宣王設位於兗國公之次荀況楊雄韓愈以世次從祀於二十一賢之閒並封伯爵

哲宗皇帝元祐元年因四十六代孫朝議大夫
試鴻臚卿宗翰奏請及臣僚上言儒廟闕
典奉
聖旨令禮部太常寺同共詳定典禮下項
一合襲封衍聖公者與除一有料錢寄
祿官（如已係幕職州縣官即與改合入官）專以主奉
先聖祠事爲職添支供給隨本資
序每三年理一任用本路及本州
按察官薦舉依吏部格闗陞資任
如　朝廷非次擢用許依舊帶公

爵令以次合襲封人權主祠事
一添賜田一百頃使其家依鄉原例自
召人戶耕種更不得用職田制撮
之法
一依舊法差洒掃戶五十人看林戶五
人並依役人法別差剩員每一番
十人充衍聖公白直
一賜田所入供給祭祀外修立則例均
贍族人置籍出納委本縣官一員
與衍聖公并本家尊長通簽

一賜監書一本置教授官一員於舉到學
官人内差或委本路監司保舉有行
義人充令教諭本家子弟内舉人依
本州學正例優與供給如鄰近鄉人
願從學者聽
一行聖公每遇　親祀大禮及冬正朝會
許赴闕陪位
一改行聖公爲奉聖公及乞刪定家祭冕
服等制度頒賜俾遵奉施行
紹聖三年奉
東家　　共　　楊端
聖旨下轉運司於係省錢内支錢三千貫
修宇本廟及於本路差雜役兵士工匠等
運司奏委四十七代孫宣德郎襲封奉聖
公若蒙監修
元符元年奉
聖旨下本家衆議選擇近里守分人承襲
據四十六代孫宗壽等保明四十七代孫
前湖州歸安縣主簿若虛堪充襲封仍乞
後來若虛身歿之後亦別行選擇不必子
繼所貴留意祖廟敦睦族人奉

聖旨依奏改合入官襲封奉聖公專主奉
祠事先是以襲封若蒙監修祖廟奪爵故
有是命自選擇之法行族人皆務修蘊閒
有登科預薦者鄉人以爲　朝廷激勸之
效云

太上皇帝崇寧元年追封孔氏二代三代

右追封二代

勑孔鯉孔氏之道萬世所宗鯉實嗣之親
聞詩禮魯堂從享厥有舊祠　以爵封以
示襃顯可特封泗水侯

右追封三代

勑孔伋聖人之道孟氏之師作爲中庸萬
世宗仰眷惟魯郡實有舊祠追加爵封以
示襃典可特封沂水侯

二代三代初無祠堂元豐五年四十七
代孫若升監修祖廟因輟已俸創建至
是追封爵侯

崇寧三年十一月十四日奉
聖旨至聖文宣王之後特與親屬一名判
司簿尉令孔若虛具名聞奏今後事故即

[illegible]

[illegible]三年十一月十四日奉

旨追封[illegible]

[illegible]

[illegible]

[illegible]追封三代

[illegible]

示褒顯可特封以四代[illegible]

聞[illegible]

[illegible]追封三代

大上皇帝崇德元年追封孔氏三代三代

欽定

有發科預薦者鄉人以為　朝廷激勸之

[illegible]

[illegible]

聖旨依奏[illegible]

最長人承繼

右劄付孔奉議崇寍三年十一月十三日蔡

鄧張

崇寍三年據襲封保明四十六代孫宗哲係本

家最長奉

聖旨特堂差興仁府乘氏縣主簿

勑進士孔宗哲朕欽崇先聖廣其世恩爰

俾若虛以名來上錫汝一命往其欽承

崇寍三年十一月十六日

勑司封供到文宣王之後襲封條貫下項

一文宣王之後世以長子承襲封衍聖公

未有官者除判司簿尉

一文宣王之後常聽一人注兖州仙源縣官

一元祐元年十月五日

勑節文禮部太常寺奏朝議大夫試鴻

臚卿孔宗翰奏今有本家之事上繫

朝廷典禮須至開陳十二月三日三

省同奉

聖旨依奏内白身合襲封奉聖公者

除承奉郎改衍聖公爲奉聖公及刪

定家祭冕服等制度頒降俾遵奉施行

一崇寧三年十一月四日奉

聖旨文宣王襲封人改封衍聖公今後

襲封除承奉郎襲封衍聖公每遇元會

大禮陪位班在太常少卿之下

四十八代孫端友白身除承奉郎

襲封衍聖公告

勑至聖文宣王四十八代孫孔端友自

書契以還爵于朝者多矣未有傳世四

十有八而不絶者也惟爾文宣王之後

序當承襲宜錫文階併示寵渥往加恪

愼務保厥榮可

大觀元年奉

聖旨下太常寺考正文宣王廟像冠服

制度冕十二旒服九章五章在衣山龍華蟲

火虎蜼四章在裳藻粉米黼黻歷朝以先聖與

門人通用袞服至是始服王者之冕以

周官并王荆公詩書禮義說爲正

大觀元年十二月初十日奉

聖旨不許採斫林木立賞錢十貫許人

告捉
政和元年奉
聖旨　至聖文宣王改執鎮圭
至聖文宣王廟舊立十六戟今立二十四
戟又
聖旨　至聖文宣王廟内曽參等所封
侯爵與宣聖名同甚失弟子尊師之禮
改封者八人
政和元年奉
聖旨下轉運司於係省錢内應副修宇
東家　手　圭
本廟及於本路諸州軍差雜役兵士工
匠和雇百姓修造運司奏委四十八代
承奉郎襲封衍聖公端友監修
政和二年
朝廷頒降少府監鑄到至聖文宣廟銅
朱記一顆
政和四年四十七代孫文林郎舒州司戶曹
事若谷乞依辟廱大成殿頒降殿額二
月初二日奉
聖旨依所乞其牌令後苑造

御前生活所製造蔡京書寫章不奉詔令已竄逐

政和四年承奉郎襲封衍聖公孔端友乞

依諸路頒降大晟新樂許内外族人及

縣學生咸使肄習以備釋奠家祭使用

二月十七日奉

聖旨依所乞

政和六年五月差四十七代孫宣教郎監

和劑西局門若谷押賜大樂禮器付本廟

宣和三年十一月奉

聖旨孔端友特轉通直郎除直祕閣仍

東家　世　昇

許就任關陞以示崇獎奉

敕宣義郎襲封衍聖公管勾　先聖廟

孔端友宣聖古今師也由百世之後等

百世之王殆未有能違之者朕既法其

言尊其道舉以爲治猶以爲未也又録

其後裔以褒大之爾先聖之系效官東

魯積有年矣通籍金閨陞華芸閣以示崇

獎汝尚勉哉可

宣和四年二月二十一日奉

聖旨孔若采係本家白身最長人與補

聖公孔若谷係本家合為最長人與襲

宣和四年三月二十一日奉

聖旨孔若谷與汝名遷一秩可

魯拊有年矣嗣奉祖廟事以紹宗事

其後衍以大之爾夫聖以來永官東

言遵其道舉以為治禍以為未也之權

百世以上孔今本有能違之右除其

孔端友宜即右今師也日右世之學

物宣義郎襲封衍聖公端友　先聖廟

許就任關理以示崇敬奉

泉安

聖公孔端友特轉通直郎除直秘閣仍

宣和三年十一月奉

和衢西府給谷賜大樂器本廟

政和六年五月十四日大晟府宣教郎監

聖旨依所乞

二月十六日奉

縣學生改設教授以崇學業兼奉祀教

諸路須降大晟府新樂並外族入見

政和四年承奉郎襲封衍聖公孔端友言

政

御前生活所製造祭器書論賞賜本　詔令

迪功郎令吏部差充興仁府濟陰縣主
簿替韓元潁年滿闕奉
勑孔若采爾　先聖之後恩禮宜優具
載彝章肆頒命秩祗膺茂渥往謹官箴可
宣和四年三月二日
車駕幸太學賜
御製　至聖文宣王贊
太學教養多士嚴奉　先聖殿室滋圮作
而新之命駕奠謁系之以贊曰
厥初生民　自天有造　百世之師
東家　丗　張圭
立人之道　有彝有倫　垂世立教
爰集大成　千古允蹈　乃嚴斯所
乃瞻斯宮　瞻彼德容　云孰不宗
車駕幸學奠謁畢特録四十八世孫外舍生
端朝賜上舍出身先是　朝廷下太學供具
至聖文宣王後在學人數是時獨端朝以
外舍生在學　駕幸學日　上御敦化堂
近侍進呈端朝姓名金口宣諭爲是聖人子
孫特賜上舍釋褐臚傳　聖語縉紳驚歎
以謂　天子尊師卹後超越古今　先聖

子孫榮遇如此

今上皇帝紹興二年勑送到吏部狀承都省批下
本部徽州申據襲慶府免解進士孔瓚乞
承繼判司簿尉事後批送吏部限兩日重
別勘當申　尚書省本部行下太常寺去
後據本寺申會到本家尊長孔傳狀稱瓚
係白身最長之人在外處別無白身最長
合承繼恩澤之人本寺看詳孔瓚依得宗支
及從來體例合承繼恩澤今取自
朝廷指揮閏四月二十三日三省同奉

東家　茔　王字正

聖旨依太常寺所申孔瓚依例與補迪功
郎令吏部與差判司簿尉

紹興二年六月内准
尚書省劄子勘當昨大觀年四十八代孫端
友承襲准　告特授承奉郎襲封衍聖公
權發遣郴州到任因患身亡推次四十九代
孫玠合行承襲蒙下本家尊長四十七代傳
保明申　尚書省本部尋行下太常寺去
後據太常寺申看詳本家宗支圖子其襲
封衍聖公孔端友止有庶子玠今來合係

襲封衍聖公今來本寺所申伏乞　朝廷
詳酌施行閏四月三日三省同奉
聖旨依太常寺所申孔玠依例與補承奉
郎襲封衍聖公奉　勑至聖文宣王四十九
代孫孔玠夫子之道踰於堯舜澤及萬世
靡有所窮欽崇碩報邦有彝典肆予命爾
紹于世封惟欽惟愍則無墜命可特授右承奉
郎襲封衍聖公 五月五日下

嗣襲封爵沿改

魏封魯國文信君
東家　茜　昪
秦封魯國文通君
漢高祖封奉嗣君
漢平帝元始元年改封褒成侯
後漢明帝永平四年改封褒亭侯
魏黃初元年改封崇聖侯
晉武帝太始三年改封奉聖亭侯
宋文帝元嘉三年改封崇聖侯
後魏文帝延興三年封崇聖大夫
後魏孝文帝太和九年改封崇聖侯
北齊文帝天保元年改封恭聖侯

後周宣帝大象二年封鄒國公
隋大業四年封紹聖侯
唐太宗正觀十一年封襃聖侯
唐玄宗開元二十七年封文宣公
本朝仁宗皇帝改封衍聖公
本朝哲宗皇帝元祐年改封奉聖公
太上皇帝崇寧三年復改封衍聖公

仁廟朝改衍聖公告

孔子之後以爵號襃顯世世不絕者其來遠矣自漢元帝封其爵爲襃成君以奉其子至

東家　茔　楊端

平帝時改爲襃成侯至是謚孔子爲襃成宣尼公襃成其國也宣尼其謚也公侯其爵也後之子孫雖更改不一而不失其義至唐開元中始追孔子爲文宣而尊以王爵封其嗣襃聖侯爲嗣文宣公孔氏子孫去國名而襲謚號禮之失也蓋由此始朕稽考前訓博訪羣議皆謂宜去漢之舊革唐之失稽古正名於義爲允朕念先帝崇尚儒術親祀闕里而始加至聖之號務極尊顯之意肆朕纂臨繼奉先志尊儒重道不敢失墜而正其後

擇人奉祀傳曾祖侍郎自自牧方任殿中丞
自廣倅乘驛赴闕召對移刻進表敘述家
世際會之幸因授五品服知曲阜令止以
本朝任鄉官者具列于後
寶元元年四十四代孫自牧任祕書監
主管陵廟自後本家最長人任鄉官
者皆帶主管陵廟
仁王周廣順三年歷　聖朝任兗州曲阜
縣令襲文宣公
宜雍熙三年任兗州曲阜縣令襲文宣公
東家　芝　昇
延世至道三年任兗州曲阜縣令襲文
宣公
名犯廟諱祥符二年以殿中丞知曲阜縣
自牧祥符六年以屯田員外郎知曲阜縣
道輔祥符九年以大理寺丞知曲阜縣
又天聖二年以太常博士奉
勑監修祖廟
聖祐天聖三年以太子賛善大夫襲文
宣公知仙源縣
良輔天聖五年任兗州仙源縣主簿

彥輔天聖八年任仙源縣主簿
自牧景祐元年以太常少卿提舉仙源
縣景靈宮太極觀
道輔景祐二年以龍圖閣直學士右諫
議大夫知兗州
又景祐三年以龍圖閣直學士給事
中起復知兗州
自牧寶元元年以祕書監分司南京主
管祖廟
宗愿康定元年以國子監丞襲文宣公
知仙源縣
又慶曆三年以大理寺丞襲文宣公
再任知仙源縣
宗亮慶曆五年以將作監丞知仙源縣
彥輔慶曆八年以衛尉寺丞知仙源縣
宗翰嘉祐元年以祕書省著作佐郎知
仙源縣
洵嘉祐四年以屯田員外郎知仙源縣
宗壽治平四年任兗州仙源縣主簿
宗翰熙寧三年以尚書屯田郎中提點

京東刑獄
若蒙熙寧三年任兗州仙源縣主簿龔
奉聖公
宗翰熙寧十年以尚書都官郎中提點
京東刑獄
若升元豐元年任兗州仙源縣主簿
又元豐三年奉
勑以沂州新太縣令監修　祖廟
宗翰元祐元年以朝議大夫知兗州
若古元祐四年任仙源縣主簿改名傳

又元祐八年任仙源縣尉
宗壽紹聖元年以右宣德郎知仙源縣
若谷大觀二年以文林郎行仙源縣丞
傳政和五年以朝奉郎任京東路轉運
司管勾文字
宗哲大觀二年以從事郎任兗州觀察
推官
又政和三年以從事郎就差仙源
縣丞
端節宣和元年以宣教郎特差京東路

轉運司勾當公事

壎宣和五年以通直郎任仙源縣丞

端問靖康元年以迪功郎改差仙源縣丞

東宮

四

轉運司公事

據宣和五年以迪直郎任江源縣[illegible]

敕問靖康元年以迪功郎改差江源縣[illegible]